HOE OM DIE KANTOOR SOOS 'N PROFESSIONELE LEIER TE BESTUUR

Vrolik

HOE OM DIE KANTOOR SOOS 'N PROFESSIONELE LEIER TE BESTUUR 1

aanbieding 6

Tipiese take van 'n kantoorbestuurderpos is: .10

'n Nuwe definisie van kantoorbestuur 11

Wat is 'n kantoorbestuurder? 14

Maak jou kantoor 'n positiewe plek om te werk 16

Leer kantooroutomatiseringstegnieke 18

Wat is fundamenteel in kantoorbestuur? een en twintig

Berei die area voor. ....een en twintig

Berei voor in plaas van om te reageer. 23

hou tred 24

Die mees georganiseerde werker in die maatskappy het 25

Skep 'n sorteermetode wat vir jou werk. 26

Skep oop kommunikasiekanale 27

Die bereiking van die regte estetiese 29

beplanningsvaardighede 31

bestuursvaardighede 31

3

Leierskappotensiaal 32

Effektiewe taakdelegering 33

Beplan jou week. 35

Word 'n meester van kommunikasie 37

handhaaf prestasie 39

Analitiese vaardighede 41

rekenaarvaardighede 41

Neem vinnig besluite 42

Aanpasbaarheid by ander 43

Verdeel take 44

Kommunikatief en toeganklik 45

Skep roetines 46

wees verstaanbaar 48

Probeer om onderbrekings te beperk! 49

Hou die vibe op 50

Wil jy die professionele ontwikkeling van die span sien? 52

Is jou werkplek regtig veilig? 53

Domein manipulasie tegniek 54

analitiese 55

Leer meer en stimuleer groei 57

4

stalle..

Leierskappotensiaal 24

Effektiewe taakafvaardiging 25

Beplan jou week. 26

Word 'n Meester in Kommunikasie 28

handhaaf prestasie 30

Analitiese vaardighede 31

rekenaarvaardighede 31

Neem vinnig besluite 32

Aanpasbaarheid by ander 33

Verdeel take 33

Kommunikatief en toeganklik 34

Skep roetines 35

wees verstaanbaar 37

Probeer om onderbrekings te beperk! 38

Hou die bui op 38

40 loopbaanontwikkeling ....

Is jou werkplek regtig veilig? 41

Bemeestering van manipulasie tegniek 42

analitiese 42

Bevorder meer leer en groei 44

5

inleiding

Die funksie van die kantoorbestuurder is besig om te verander. Vir my is daar geen twyfel nie. Voordat die koronavirus-uitbraak begin het, het die rol begin verander. Die kantoorbestuurder se posisie verander egter wanneer hy terugkeer na 'n regte of virtuele werkplek.

Kantoorbestuurders is nie meer verantwoordelik vir die aankoop van kantoorbenodigdhede, die herstel van stukkende drukkers of om seker te maak dat werknemers die skottelgoed ná middagete was nie. Vandag is dit noodsaaklik vir werknemerstevredenheid, veiligheid, behoud en meer.

Hierdie opstel ondersoek die eienskappe, vaardighede en hulpbronne wat 'n uitstekende kantoorbestuurder nodig het om vanjaar en tot ver in die toekoms suksesvol in sy of haar werk te wees.

Die vermoë om 'n werkplek te bestuur is noodsaaklik aangesien jy kan help om 'n produktiewe en aangename werksomgewing vir jou werknemers te skep en hulle op 'n pad na sukses te lei. Of dit nou is om jou werkplek te organiseer of te help om die talente van jou spanlede te ontwikkel en op te lei, die gebruik van goeie bestuurstrategieë kan jou help om jou kantoorruimte te verbeter en die sukses van jou besigheid te verhoog . Hierdie opstel verduidelik die waarde van effektiewe kantoorbestuur en verskaf 'n lys praktiese wenke.

As 'n kantoorbestuurder het jy gewoonlik die taak om seker te maak dat alles so vlot as moontlik verloop. Maar om 'n kantoor doeltreffend te bestuur, kan soms 'n bietjie uitdagend wees wanneer jy 'n groep mense met verskillende persoonlikhede, verskillende skryfbehoeftes en sagteware en 'n verskeidenheid afleidings byvoeg. U moet egter nie dit alles verbied nie. Eintlik behoort dit as inspirasie vir 'n skoon werkplek te dien!

Die bestuur van 'n kantoor behels die jongleren van 'n verskeidenheid verantwoordelikhede.

Werkplekbestuurders verseker dat die werkplek dag na dag, week na week, maand na maand en jaar na jaar glad verloop. Daar is verskeie aspekte om te oorweeg op 'n daaglikse of globale vlak. Kantoorbegroting, voorraadbestuur, sitplekke en uitleg, die aanstelling van nuwe werknemers, die hou van rekords en ander take kan alles op 'n kantoorbestuurder se doenlys wees.

Hier is 'n paar kantoorbestuurwenke om dinge glad te laat verloop as jy 'n kantoor doeltreffend wil bestuur en jou leierskap en bestuursvaardighede wil verbeter.

Tipiese take van 'n kantoorbestuurderpos is:

Gebruik tegnologie en sagteware om die doeltreffendheid van kantoorbedrywighede te maksimeer.

- Bestuur vanlyn en aanlyn bergingstelsels.

- Skep en hou werkplekbegrotings in stand.

- Hou kantoortoerusting in 'n goeie werkende toestand en doen enige nodige herstelwerk.

- Indien ontvangspersoneel afwesig of siek is, vra vir meer hulp.

- Beantwoord kliënte se vrae en klagtes.

- Ondersoek werkplekveiligheid en maak die nodige opdaterings.

'n Nuwe definisie van kantoorbestuur

Die rol van 'n kantoorbestuurder is vandag meer kompleks en dinamies as ooit tevore as gevolg van veranderende tegnologie, maatskappystrukture en algemene werksomstandighede.

Werkplekbestuurders in baie organisasies hou steeds toesig oor 'n vaste fisiese werkplek waar 'n kernspan werknemers gedurende normale besigheidsure werk. Die werk en mense waaroor baie kantoorbestuurders toesig hou, is egter oor verskeie liggings, tydsones en verskillende soorte werke versprei (veral diegene wat vir tegnologiemaatskappye werk).

Gevolglik sal jou werk as kantoorbestuurder teen 'n

ongelooflike vinnige pas groei. As gevolg van hierdie vinnige veranderinge is daar ook nuwe kenmerke, nuwe gereedskap en nuwe struikelblokke om te oorkom. Die vaardighede wat jy nodig het om suksesvol te wees in jou loopbaan en die verantwoordelikhede wat jy gegee sal word, sal ongetwyfeld anders wees, selfs al is die werkstitel nie.

In hierdie artikel het ons 'n paar van die veranderinge bespreek wat jy deur jou loopbaan as 'n kantoorbestuurder kan verwag, sowel as van die uitdagings wat jy waarskynlik op 'n gereelde basis in die gesig staar. En hoe jou "werk" ook al lyk, ons sal praat oor die onmiskenbare belangrikheid van jou rol en jou die hulpbronne en aanmoediging gee wat jy nodig het om ' n verskil te maak.

Wat is 'n kantoorbestuurder?

Wanneer dit by kantoorbestuur kom, gaan dit oor wat 'n produktiewe kantoor maak. Alle kantoorbestuurders is verantwoordelik vir die beplanning, koördinering en regulering van kantoorbedrywighede, toesig oor regeringstoesig, arbeidsregulering en werknemertevredenheid. Kantoorbestuurders het verskillende rolle na gelang van die behoeftes van jou organisasie.

Kantoorbestuursposisies kan volgens bedryf verskil, maar die basiese verantwoordelikhede van hierdie bestuurders is oor die algemeen relatief soortgelyk. Kantoorbestuurders het soms die mag om werknemers aan te stel, af te dank, op te lei en te bevorder. Daarbenewens verseker hulle die behoorlike funksionering van 'n maatskappy se administratiewe funksies, verseker hulle die beskikbaarheid van nodige toerusting en monitor die goeie toestand van kantoortoerusting.

Maak jou kantoor 'n positiewe plek om te werk

Die vermoë en motivering van jou werknemers om goeie werk te doen word bepaal deur die fisiese omgewing waarin hulle werk. Ons omgewing het 'n groot impak op ons as mense. Ons vul ons huise met herinneringe en artefakte wat ons inspireer of laat goed voel. Om "tuis" te voel, versier ons ons motors en ons werkplekke.

Soortgelyke pogings word ook op kommersiële terreine aangewend om 'n sekere atmosfeer te handhaaf. Terwyl stadions en konsertsale ontwerp is om visueel stimulerend te wees, is hotelle en spa's ontwerp om gerief en rustigheid te bevorder. Terwyl restaurante donker, romanties, jeugdig of knus kan wees, is mediese fasiliteite onberispelik en kontemporêr.

Estetika alleen is egter nie genoeg om die doel of gevoel van 'n kamer oor te dra nie. Dit is ook belangrik om te oorweeg hoe mense interaksie het, die organisasie en konfigurasie van ruimte, die prestasie van individue en respek vir die omgewing. Slegte kliëntediens van hotelpersoneel kan nie deur opvallende kunswerke op die mure gemasker word nie. As die tafels vuil is of die eetkamer stampvol en stampvol is, sal klante nie 'n restaurant se poging waardeer om 'n warm en kalm atmosfeer te skep nie. Die omgewing is belangrik.

Leer kantoortegnieke.

Daar word soms na verwys as kantoorwerkers, koördineerders

en/of kantoorbedryfsbestuurders, hierdie individue is dikwels die eerste mense wat deur enigiemand binne of buite die organisasie gekontak word. Sy rolle is uiteenlopend, van die ondersteuning van die aanboord van nuwe werknemers en die bevordering van 'n gesonde werksomgewing tot die werk as 'n uitvoerende assistent.

Gevolglik neem die werklading van 'n kantoorbestuurder vinnig toe. Jy moet nie net die nut en aanpasbaarheid van jou kantoorruimte handhaaf nie, maar jy moet ook werknemers se optrede, reis, spertye en 'n lang lys ander dinge bestuur. Daar word baie verwagtinge aan die pos van kantoorbestuurder gestel en baie werknemers het verskillende idees oor wat daardie bestuurder eintlik moet doen.

Om 'n kantoorbestuurder te wees is ongelooflik lonend omdat jy ander se verwagtinge oortref. Jy kan persoonlike verantwoordelikheid vir die sukses van 'n organisasie en sy werknemers neem en 'n belangrike bydrae tot hul sukses lewer.

Alhoewel baie van hierdie liggings ontwerp is om klantgerig te wees, moet die werkplek ook werknemervoorkeure en -behoeftes in ag neem. As gevolg van jou gerief en tevredenheid, is werknemers meer geneig om doeltreffend te werk en kwaliteit diens te lewer wat jou kliënte sal waardeer. Drie sleutelveranderinge wat jy in jou werkplek kan maak, sal die prestasie en geluk van jou werknemers verbeter.

Wat is fundamenteel in kantoorbestuur?

Kantoorbestuur is noodsaaklik omdat dit die produktiwiteit van jou werknemers kan verhoog, jou kan help om jou tyd beter te bestuur en die kwaliteit van jou onderneming se werk kan verhoog. Jy kan jou administratiewe vaardighede verbeter, 'n positiewe werksomgewing bevorder en werknemersmoraal 'n hupstoot gee deur effektiewe kantoorbestuursidees en -praktyke aan te neem.

Berei die area voor.

Die organisering van jou werkspasie kan spanproduktiwiteit verhoog en 'n produktiewe werksomgewing bevorder. Daar is verskeie maniere om jou werkspasie op te stel, insluitend:

- Vestiging van aangewese werkplekke vir personeel.
- Opgedateerde besigheidsregistrasieprosedures
- Etikettering van kompartemente, laaie en rakke
- Sorteer projekmateriaal in stoorbakke en vouers na voltooiing
- Skryf byvoorbeeld voorrade neer wat jy moet aanvul. B. Krammasjien en drukker-ink.

As jy 'n positiewe werksomgewing wil skep, kan die skoonmaak van jou kantoorspasie ook baie help. Oorweeg dit om 'n plan te skep wat jou en jou span herinner om spesifieke areas van jou werkspasie gedurende die werksdag skoon te maak. Jy kan byvoorbeeld Maandag die pousekamer afstof en skoonmaak en Donderdag pos herrangskik en sorteer. Om 'n skoon werkspasie te hou, kan werknemers se produktiwiteit verhoog en afleidings verminder.

Berei voor in plaas van om te reageer.

Jou dag sal beter verloop as jy die tyd neem om voor te berei in plaas daarvan om spontaan te reageer op situasies wat ontstaan. Om planne te maak vir die dag wat voorlê, kan jou help om jou aktiwiteite te prioritiseer en sommige van die stres en onsekerheid wat die alledaagse lewe meebring, te verminder.

hou lêers op datum

Om maatskappyinligting op datum te hou, kan 'n belangrike deel van die bestuur van jou kantoor wees.

Jou kantoor kan tyd bespaar en jou span help om meer doeltreffend te werk deur klante se kontakinligting dop te hou, betalingsinligting op te dateer en op te let wanneer jou verteenwoordigers reeds kliënte gekontak het.

Byvoorbeeld, 'n verkoopspersoon kan baat by die skryf van 'n nuwe kliënt se kontakinligting, die aard van die interaksie, en om te bepaal of hul span die kliënt weer in die toekoms moet kontak. Die verkoper kan die data stoor sodat 'n ander werknemer nie dieselfde kliënt hoef terug te bel as die klets goed verloop het en die kliënt dit reeds oorweeg om by hul maatskappy te koop nie.

Wees die mees georganiseerde werknemer in die maatskappy.

Organisatoriese en tydbestuursvaardighede is vir 'n rede boaan die lys. Dit gaan verder as net die ontwikkeling van 'n nuwe lêerstelsel. 'n Kantoorbestuurder moet nie net sy eie agenda ken nie, maar ook die agenda van alle betrokkenes. Die rol vereis dat jy daaglikse bedrywighede balanseer met die langtermynstrategieë van die maatskappy, eksterne verskaffers en werknemers. As organisatoriese vaardighede ontbreek, sal die werk vinnig optel.

Skep 'n sorteermetode wat vir jou werk.

Alhoewel die meeste argivering nou digitaal gedoen word, is dit steeds nodig om tred te hou met wat gestoor word en waar. As die webstelsel verwarrend is, ontwerp en implementeer 'n beter liasseerstelsel. Maak seker dat ander mense ook vertroud is met die metode om te verseker dat almal korrek indien.

Skep oop kommunikasiekanale.

As kantoorbestuurder sal jou kollegas beslis aan jou deur klop met die mees uiteenlopende vrae, versoeke of versoeke. Effektiewe kommunikasiekanale moet gevestig word om hierdie versoeke vinnig te ontvang en te verwerk.

Hou jou inkassie skoon en georganiseer. Om e-posse te ignoreer of dinge onvoltooid te laat, kan lei tot groot disorganisasie en verlore e-posse. Probeer altyd om jou posbus so duidelik as moontlik te hou. Maak dit duidelik aan jou werknemers hoe hulle vrae kan vra of voorstelle kan maak. Sekerlik, 'n eenvoudige vraag soos "Waar is die ekstra penne?" Kan persoonlik wees, maar groter versoeke moet altyd skriftelik gemaak word. Dit skep 'n argief en verseker dat niks vergeet word nie. Stel reëls vas oor hoe jy by die werk gekontak kan word, of dit nou Slack, e-pos of enige ander kommunikasiekanaal met jou kollegas is.

Jy sal dalk tyd nodig hê om op te hou om vrae van jou kollegas te beantwoord terwyl ons kommunikeer. Fokus op jou belangrike werk en hanteer dan enige nuwe versoeke. Verduidelik jou pligte en posisie duidelik wanneer iemand 'n versoek rig waaraan jy nie onmiddellik of nie kan voldoen nie. Jy kan die werk weier of dit aan iemand anders gee as dit nie jou verantwoordelikheid is nie.

Kry die regte estetiese

Daar is baie maniere om die voorkoms van jou werkspasie te beïnvloed, hoewel ontwerpkeuses dalk nie heeltemal aan jou hang nie. Om 'n werkplek te skep waar almal gemaklik voel, is 'n kuns, of dit nou is om vars blomme by die ontvangstoonbank te plaas of te vra dat die flikkerende ligte vervang word, of alledaagse aksies soos om vergaderlokale na 'n ongerepte toestand te herstel en kunswerke aan die mure te hang. Word geïnspireer deur die reputasie van jou maatskappy en die tipe werk wat jou werknemers doen.

As jou handelsmerk grillerig en ontwrigtend is en jy baie kreatiewe werk doen, gebruik dapper kleure, moderne dekor en inspirerende besonderhede. As jou werkspasie stil is en jy intensiewe, kontemplatiewe werk doen, oorweeg 'n minimalistiese benadering met gedempte kleure en minder visuele afleidings.

beplanningsvaardighede

Kantoorbestuurders moet van nature goeie beplanners wees. Jou beplanningsaktiwiteite sluit alles in van die organisering van kantoorvergaderings tot die toewysing van take. Van die beplanning van besigheidsaktiwiteite oor die lang termyn tot die doeltreffende uitvoering van dag-tot-dag take, georganiseerde beplanning is 'n noodsaaklike vaardigheid wat enige goeie kantoorbestuurder behoort te besit.

vermoë om te bestuur

Administratiewe kennis is 'n vanselfsprekendheid vir 'n kantoorbestuurder. Heel waarskynlik het jy administratiewe poste beklee voordat jy 'n kantoorbestuurder geword het. In hierdie rolle het jy 'n basiese vlak van administratiewe vaardighede ontwikkel en sal voortgaan om dit te doen soos jy by jou nuwe werk as kantoorbestuurder aanpas. Jy is verantwoordelik vir die handhawing en ontwikkeling van die korporatiewe kultuur en die verantwoordelikhede van ander, insluitend die evaluering van werknemerprestasie. Jy is ook verantwoordelik vir verskeie administratiewe take binne die organisasie.

leierskap potensiaal

Die belangrikste vaardigheid wat 'n bestuurder nodig het, is leierskap; Sommige mense het dit natuurlik , ander nie. Óf jy lei jouself en jou span blindelings in 'n ramp, óf jy kan 'n uitstekende leier wees.

Leierskap kom in baie vorms en groottes voor. By 'n reisbestuursmaatskappy soos Travel Perk is jy dalk verantwoordelik vir die bestuur van die werk van meer as 100 werknemers of om aan 'n klein span van ses te werk. Dit is belangrik om verantwoordelikheid te neem vir almal wat vir jou werk, ongeag die aantal werknemers.

Delegeer take effektief.

Dit is belangrik om te delegeer. Wanneer dit by die toewysing van take kom , is baie bestuurders geneig om die meeste daarvan aan hulself te delegeer, of hoofsaaklik aan een of twee werknemers, wat onregverdig teenoor hulle en die res van die kantoorpersoneel is.

Die sleutel is om te prioritiseer wat gedoen moet word en dan beheer prys te gee. Daar is 'n probleem as jy dit nie kan bereik nie. Die bestuurder se werk kan oorlaai word en hy kan dalk nie doeltreffend op ander gebiede werk as hy nie die werk kan versprei nie.

Beplan jou week.

Jy kan jou tyd meer doeltreffend bestuur en jou take prioritiseer deur 'n weeklikse skedule te skep. Bekyk geskeduleerde afsprake, vergaderings en ander belangrike take en sorteer dit volgens belangrikheid aan die begin van elke week. Gebruik asseblief die volgende kategorieë wanneer u bestel:

- Gereelde aktiwiteite word gedefinieer as enige werknemervergadering of assessering met 'n vasgestelde datum. Dikwels het jy reeds hierdie take voor jou, so jy kan dit nie verander nie. Dit loon om eers alle gereelde take uit te voer en dan die res van die werklas onder mekaar te verdeel.
- Topprioriteit: Take wat so gou moontlik afgehandel

moet word, gewoonlik teen die einde van die week of op spesifieke dae van die volgende week, geniet hoë prioriteit. As u hierdie take volgens sperdatum sorteer, sal dit u help om hulle in volgorde van belangrikheid te voltooi.

- Buigsaam: Die laaste take wat jy by jou kalender voeg, is gewoonlik buigsame take. Dit is dikwels take wat jy nie aan die einde van die week hoef te voltooi nie, maar dit kan jou help met 'n projek of taak met 'n sperdatum. Oorweeg dit om jou geskeduleerde buigtake na volgende week uit te stel as jy nie almal hierdie week kan inpas nie, aangesien jy dalk meer tyd het om dit te voltooi.

Word 'n kommunikasiemeester

Om suksesvol te wees in die kantoorbestuurderposisie, moet jy sterk kommunikasievaardighede hê. Dit help om presiese instruksies te gee, probleme op te los en foute te vermy. Een van die min poste in 'n maatskappy wat almal raak, van nuwe aanstellings tot C-vlak bestuurders, is kantoorbestuurder. Maak seker dat jy sterk kommunikasievaardighede het, want dit sal die werk baie makliker maak.

Wees kreatief wanneer jy probleme oplos

Die diepte van bedryfservaring wat 'n kantoorbestuurder mettertyd ontwikkel, is ongeëwenaard. Hulle is van kritieke belang vir 'n organisasie se vermoë om die moeilikste tye deur te staan en het sterk probleemoplossingsvaardighede. Hoe meer tyd jy by die werk spandeer, hoe meer sal jy hulp soek met moeilike persoonlike probleme.

Die probleemoplossing stop egter nie daar nie. 'n Kantoorbestuurder word dikwels getaak om 'n plan uit te voer sonder die finansiële hulpbronne om dit te doen. Die vereiste vir die rol is jou vermoë om jou hulpbronne kreatief te gebruik en vorentoe te beweeg ten spyte van struikelblokke.

prestasie handhaaf

Wat help 'n werk as geen werk gedoen word nie? Die idee dat die omgewing waarin mense werk helder, afleidingsvry en miskien die teenoorgestelde van kompromie moet wees, was dekades gelede algemeen. Werkers moes in hul aangewese gebiede bly en was geïsoleer. Gelukkig het dinge verander. Volgens navorsing werk werknemers meer doeltreffend in omgewings wat pas by die tipe werk wat hulle doen. Ewe belangrikheid moet gegee word aan die skep van ruimtes waar werknemers kan konsentreer, bymekaarkom of 'n welverdiende breek kan neem.

analise vaardighede

Dit is 'n goeie idee om jou analitiese vaardighede op enige professionele vlak te slyp. Vir jou besigheid om te floreer, moet jy as kantoorbestuurder in staat wees om ondoeltreffendheid te identifiseer en stappe te neem om dit reg te stel.

Informatika kennis

Vir 'n kantoorbestuurder is sterk en bruikbare rekenaarvaardighede nie net goed nie, maar noodsaaklik. Moet oor voldoende kennis beskik om alledaagse IT-take maklik, akkuraat en doeltreffend uit te voer, insluitend data-invoer, papiervoorbereiding en aanbieding-uitleg. Jy gebruik waarskynlik sagteware vir kommunikasie, videokonferensies en uitgawesverslagdoening op 'n daaglikse basis.

neem vinnig besluite

Is jy in staat om vinnige besluite op die plek te neem? As 'n kantoorbestuurder is daar 'n aantal situasies waar 'n vinnige reaksie vereis kan word. Byvoorbeeld, jy sal dalk met die redery moet koördineer wie se skedule verskeie groot items insluit wat by die ontvangstoonbank afgehaal moet word, of jy moet dalk 'n laaste-minuut-kantooruitleg vir 'n interne geleentheid reël.

Besluite moet geneem word en dit kan ontstaan uit onvoorsiene omstandighede wat pas plaasgevind het. Om vinnige besluite te kan neem, kan voordelig wees vir 'n kantoorbestuurder, veral in 'n besige omgewing.

aanpasbaarheid by ander

As 'n kantoorbestuurder het jy waarskynlik 'n eindelose to-do list. Selfs al is daar, moet jy steeds 'n mate van buigsaamheid kan bied. Daar is bestellings wat teen 'n sekere datum voltooi moet word en ander wat op die laaste oomblik arriveer en jou planne deurmekaar krap.

Probeer altyd so buigsaam as moontlik wees en probeer om elke dag te vat soos dit kom. Aangesien dinge nie altyd verloop soos beplan nie, is dit wys om aan te pas terwyl jy kan.

Ken huiswerk toe

Delegering van take aan kollegas en ander kan jou kantoor se doeltreffendheid en produktiwiteit verbeter en jou help om belangrike spertye te haal. Oorweeg dit om 'n groot projek in kleiner dele te verdeel en dit aan verskillende spanlede te delegeer as jy dit byvoorbeeld vinnig moet doen. Jy kan al hierdie klein take op dieselfde tyd doen. Wanneer jy klaar is, kan jy jou werk en data in 'n samehangende dokument of verslag versamel.

Kommunikatief en toeganklik

'n Wesentlike deel van die kantoorbestuurder se werk is kommunikasie. Uiteindelik sal hulle een van die belangrikste visuele en interne oppervlaktes van die gebou vorm. Dit is belangrik om 'n vriendelike houding te hê.

Maak nie saak wie hulle is nie, enigiemand moet die werkplekbestuurder kan nader sonder om geïntimideer of geïrriteerd te voel. Weens die wye verskeidenheid persoonlikheidstipes, verskille, agtergronde en bowenal senioriteit, is 'n sosiale persoon letterlik 'n aanwins.

roetines te skep

In 'n kantooromgewing kan die vestiging van roetines help om werkvloei te bestuur, maniere te ontwikkel om klante-inligting te hanteer en op spesifieke situasies te reageer. Dit kan nuttig wees vir 'n individu of spanlid om 'n aangewese persoon te hê om na te wend as meer werk nodig is nadat sy of haar take of opdragte voltooi is. Jy kan help om 'n selfbestuurde werkvloei te ontwikkel wat 'n span toelaat om konsekwent deur die dag te werk, wat tyd vrystel om op hul take en projekte te fokus, deur daardie taak aan 'n ander spanlid toe te wys.

Dit is ook belangrik om roetines te hê sodat jy kan werk en spertye kan haal, selfs in situasies soos 'n kantoorgebou wat toemaak of 'n maatskappynetwerk wat afneem. Soliede, tydgetoetste roetines sal jou help om enige kwessies of meningsverskille in die werkplek op te los, of dit nou die rugsteun van kantoorhardeskywe is of 'n raamwerk opstel sodat jy op afstand kan werk indien nodig.

wees begrip

Elke kantoorbestuurder moet alle spanlede kan verstaan en empatie hê. 'n Kantoorbestuurder is normaalweg die woordvoerder vir die oorgrote meerderheid werknemers aangesien hy 'n integrale deel van die span is en deeglik bewus is van almal se werksomstandighede. Om seker te maak dat almal gehoor en verstaan word, moet jy met sjarme en empatie kan lei.

'n Kantoorbestuurder dien gewoonlik op gesondheidskomitees of liefdadigheidsinisiatiewe. Jy moet in staat wees om inisiatiewe te lei wat empatie vereis, 'n besigheidsperspektief met deernis kombineer en verwagtinge en werklikheid balanseer.

Probeer om onderbrekings te beperk!

As 'n kantoorbestuurder sal jy beslis 'n groot aantal versoeke gelyktydig moet hanteer terwyl jy probeer om jou daaglikse verpligtinge na te kom. 'n Skedule kan jou help om jou tyd te bestuur en onderbrekings te verminder deur jou toe te laat om vinniger te reageer op spesifieke oomblikke wanneer jy hulle jou volle aandag kan gee. Maak seker dat jy tye gebruik wanneer jy dink hy sal kalmer wees. Maak die deur toe, sit jou foon op stil en bly gefokus.

hou die bui

Buiten die voorkoms, word die gees van jou werkplek gedefinieer deur hoe mense interaksie het, die houdings en perspektiewe van jou span, en die belangrikheid van riglyne soos respek, vertroue en innovasie. Watter taal gebruik jou werknemers wanneer hulle praat? Watter emosies en gevoelens toon die meeste mense by die werk? Is dit stil of raserig? Is jy aktief en innoverend of hoogs gereguleerd en omsigtig? Help of belemmer hierdie faktore jou besigheid?

Sodra jou omgewing in ag geneem is, sal jy vir ander lessenaarbestuurstake moet sorg. Met 'n werkbestelling of kaartjiestelsel kan jy verantwoordelik wees vir die interne en eksterne bestuur van hulptoonbankpersoneel, sekuriteitspanne of instandhoudingspersoneel. Daarbenewens kan dit nodig wees om stelselonderhoud met die eienaar of eiendomsbestuurder te koördineer, nuwe toerusting te bestel en hardeware-voorraad in stand te hou. Alhoewel daar baie besonderhede is, is een ding altyd dieselfde: die bestuur van 'n kantoor vereis gereelde monitering en vinnige optrede.

Wil jy die professionele ontwikkeling van die span sien? Alhoewel dit bewonderenswaardig is om loopbaangemotiveerd te wees, is dit noodsaaklik dat bestuurders ook hul spanne se loopbane dophou. Dit is noodsaaklik dat jy 'n passie het om jou spanlede deur hul loopbaan te ondersteun, of hulle nou by die maatskappy bly, 'n nuwe rol binne die organisasie aanneem of na 'n ander maatskappy skuif.

Wanneer mense jou sien as 'n baas wat omgee vir hul ontwikkeling, kan dit baie lonend by die werk wees.

Is jou werkplek regtig veilig?

Dit is wys om jou gebou te beskerm teen indringers of bedreigings van buite, hetsy deur 'n toegangskode of 'n aktiewe sekuriteitstelsel. Hul pligte kan insluit om sekuriteitspanne te lei, sekuriteitskameras te monitor of sleutels aan nuwe werknemers te oorhandig. Dit is ook noodsaaklik dat meubels en masjiene veilig in die werkplek gebruik kan word. Maak seker dat jy alle potensiële bedreigings vir jou fasiliteit en kampus oorweeg het en het 'n strategie in plek om dit te versag.

Verwerking tegnologie spesialis

Om te verstaan hoe die tegnologie werk, is nuttig. Jy kan probleme ondervind as jy nie vertroud is met sommige van die basiese programmeerders nie, insluitend Microsoft Office en Excel. Dit is belangrik dat bestuurders tegnologies vaardig is en weet hoe om aanlynplatforms te gebruik.

Dit is 'n vaardigheid wat jy kan aanleer, maar as jy nie reeds weet hoe om die gereedskap of sagteware te gebruik nie, het jy waarskynlik 'n bietjie oefening nodig.

analities

Een van die pligte van 'n bestuurder is om doeltreffender maniere te vind om die take uit te voer. Dit is belangrik om areas van jou werk te identifiseer waar jy dalk te kort skiet en hoe om dit aan te spreek.

Wanneer 'n kantooromgewing bestuur word, is 'n analitiese oog 'n nuttige vaardigheid. Dit kan jou besigheid help om geld te spaar en verbruikers en kliënte beter te dien.

As jy wonder, "Hoe kan dit verbeter word? of "Wat kan gedoen word om dit meer effektief te maak?" jy is amper halfpad. Dit is 'n goeie idee om analitiese gonswoorde in jou CV in te sluit wanneer jy vir so 'n pos aansoek doen. Die terme "probleemoplosser", "kritiese denker" en "optimalisering" is almal goeie keuses.

Moedig meer leer en groei aan.
Moraal en produktiwiteit kan verhoog word deur spanlede aan te moedig om te groei en meer opleidingsgeleenthede aan hulle te bied. Werknemers kan meer doeltreffend werk en beter resultate behaal as hulle die geleentheid kry om hul professionele kennis en vaardighede te ontwikkel.

Dit kan hulle ook in 'n beter posisie plaas vir interne bevordering. Byvoorbeeld, as jy 'n bemarkingsassistent 'n werk gee wat vereis dat hy sagteware gebruik waarmee hy nie vertroud is nie, oorweeg dit om tutoriale te verskaf of om 'n meer ervare werknemer te vra om hom te leer hoe om die program te gebruik. Jy kan jou werk vinniger voltooi en die program hergebruik vir toekomstige take.

Hier is 'n paar nuttige wenke om jou aan die gang te kry.